I0706839